Iraq between religion and politics (IN ARABIC)

Pages of modern history and the Gulf War

ISBN-13: 978-1534753679

ISBN-10: 1534753672

Iraq between religion and politics (IN ARABIC)

Pages of modern history and the Gulf War

Nadhim Mejbil Faleh

2016

Second Printing: 2016

 ISBN-13: 978-1534753679

ISBN-10: 1534753672

drnadhim@gmail.com

Printed in the United States.

العراق بين الدين والسياسة

(نسخة عربية)

د. ناظم العبادي

استاذ جامعي

كلية الهندسة – الجامعة المستنصرية

بغداد – العراق

2016

هذا الكتاب

بعد دخول صدام للكويت.. عاش العراقيون معاناة خاصة.. واحداث رهيبة لم يوثق لها الاعلام الرسمي.. هذه محاولة من كاتب اكاديمي مستقل.. تتعلق بالهجوم الامريكي وانسحاب الجيش العراقي وحصول انتفاضة الشعب العراقي وموقف احزاب المعارضة منها.. ومن كان يقود الانتفاضة..؟ وكيف تم التعامل معها..؟

هذا الكتاب يتضمن صفحات هامة في التاريخ العراقي الحديث لم توثق سابقا..انسحاب الجيش العراقي من الكويت وانتفاضة ١٩٩١...

ملاحظة: نظرا لعدم دعم منصات النشر للكتب العربية لذلك اضطررنا الى تحويل الكتابة الى صور واساليب فنية لتسهيل النشر.

المؤلف

تولد ١٣٨١ هجري الموافق ١٩٦٢ في مدينة البصرة، جنوب العراق. حصل على الدكتوراه في الهندسة من جامعة بغداد عام ١٤٢٧ هجري. يعمل استاذ مساعد في كلية الهندسة في الجامعة المستنصرية. باحث في القضايا الاسلامية والشؤون العلمية والهندسية. مستقل سياسيا. عارض للحكم البعثي الظالم، وتعرض للمطاردة والاعتقال عام ١٤٢٠ هجري. رفض الاحتلال الامريكي للعراق وساند المقاومة ثقافيا وسلميا. درس العلوم الاسلامية ومادة الاصول. يدعم التظاهرات والاعتصامات المطالبة بالاصلاح في العراق.

كاتب اكاديمي، يحاول -غالبا- اكتشاف الجديد ، باسلوب البحث العلمي الرصين، يؤمن باهمية الانسان في الوجود ودوره التكاملي. باشر النشر العلمي منذ اكثر من ٢٠ عام ..ثم كتب في الشؤون العامة.. له كتابات ومقالات في الصحف والمجلات الاجنبية والعراقية.

CHAPTERS

المناسب لظهور شخصية عراقية ذات تاريخ مشرف ومواقف شجاعة، وهو السيد محمد الصدر، ابن عم السيد محمد باقر الصدر، الذي اعدمه صدام عام 1980م.

25 كان المتطلب الاساس في القيادة الشعبية، على المستوى الديني، هو الاعلمية النظرية، دون الاهتمام بالجانب العملي، الا ان حصول الانتفاضة ، ومراجعة حيثياتها وعناصرها واسباب فشلها، من قبل القواعد الخاصة، شخص الحاجة الى اهمية العقل العملي للقيادة. ويعرف العقل النظري او العلمي، بالقدرة على العلم، او كيف تعلم. والقدرة العلمية هي ملكة المعالجة المعلوماتية وصولا الى معلومة جديدة، كانت مجهولة، وهذا ما يحسنه الاعلم علميا، بافضل طريقة. الا ان هذا لا يعني القدرة على اتخاذ قرارات عملية او قدرة على ادارة الازمة. ان العقل العملي، هو ملكة الاداء العملي، وكيفية العمل، اثناء المواقف المفاجئة، وادارة المواجهة . وهذه مواصفة اضافية على العلم. ان مثل هذه الاطروحات والنقاشات ظهرت بعد الانتفاضة في العراق، الى حد بعيد، ومستوى عميق، ومنها نتج لاحقا مفهوم (المرجع) و (القائد) والذي سنناقشه في الفصول القادمة.

ثالثا: تبلور تجمعات صغيرة[22] وقواعد خاصة، ذات توجه ثوري. بدات هذه التجمعات العمل الخيري في الساحة، لاجل اهداف محدود، تستبطن الابقاء على هذه التجمعات، بانتظار فرصة مؤاتية للانقضاض على الحزب[23].

رابعا: ظهور قيادات ميدانية، وجدت مناخا مناسبا للعمل، بسبب الطلب المجتمعي للقائد[24]، واحتياج التجمعات الشعبية لقيادة، اعلى مستوى منهم، علمياوعمليا[25].

---

21 ان تبلور الاتجاه الديني التقليدي والصوفي، كان مضافا الى الخط الحركي الموجود، والذي ارتبط بالصدر الاول (محمد باقر الصدر) والصدر الثاني (محمد الصدر) الذي بدا يشق طريقة الى القيادة الجماهيرية بعد الانتفاضة.

22 بالرغم من الاعتقالات الواسعة التي قام بها الديكتاتور، الا ان هذه الاعتقالات لم تشمل المنتفضين الفعليين، غالبا، بل استهدفت افراد نزلوا الى الساحة في وقت متاخر من الانتفاضة. لقد اخطأت السلطة قيادات الانتفاضة، ورجالاتها، كالعادة، بسبب فساد الجهاز الحزبي والاداري. وهذا يعني بقاء العدد الاكبر من المنتفضين، احرار، وقد كسبوا خبرة، وارتفع عندهم مستوى الوعي، والمحتوى الثوري. هذه التجمعات، بقيت في الساحة، تنتظر فرصة مؤاتية للانقضاض على البعثيين.

23 كان الشعور بالانتقام يستهدف الرفاق الحزبيين، لكونهم الاداة القريبة للسلطة، ولانهم تسببوا باعتقال الكثير من المواطنين، ومارسوا عمليات منع الشعائر الدينية، وكتابة التقارير السرية ضد زوار المراقد، وضد المتمردين على اداء الخدمة العسكرية. وبالرغم من تحميل المسؤولية لراس السلطة، الا ان الحقد الشعبي استهدف البعثيين اولا.

24 اشرنا الى تبلور تجمعات صغيرة متناثرة من الثوريين، الباحثين عن الخلاص من سلطة البعث، التي وجهت الاهانة والضرر لابناء الشعب كافة. ان وجود مثل هذه التجمعات قد وفر مناخ مناسبا لظهور قيادات في الساحة، تناغمت في حركيتها، للانفراد، لضرورات زمانية ومكانية. لان الانتفاضة شخصت الحاجة الاكيدة الى قيادة مركزية قوية، تدير الفعاليات المختلفة، لاي انتفاضة قادمة. هذه الحاجة، وفرت المناخ

الظلم الاجتماعي والاستبداد الحكومي، انتج، بالضرورة عدد من السلوكيات عند عامة الشعب اهمها:

اولا: حالة اليأس، ونزوع الفرد الى الانعزال، وحاولة الكثير السفر الى الخارج، بعد ان باعوا كل ما يملكون. وكانت فرصة السفر محدودة، لصعوبة الحصول على فيزا، باستثناء ليبيا والاردن.

ثانيا: حصل توجه شعبي عام، لترك السلوكيات الالحادية، وممارسة التدين وانتعاش الايمان بالمنقذ الغيبي، وتدخل السماء، للخلاص من حالة الضيق المعاشي. وهذا يعني اتساع العاطفة الدينية، وحصول توجه عام ذا طبيعة تقليدية او صوفية[20] عند شريحة واسعة من الشعب، مع اتساع وتعمق الفئة الاولى ذات الطابع الحركي الثوري[21].

التنازلات على المستوى الشخصي والعائلي والحزبي، الا ان الغريب هو سلوكه غير المتوقع. لانه بدلا من السعي لاعادة ترتيب الدولة بما يصحح الاخطاء، ويوفر كسبا جماهيريا له، الا ان صدام بالغ في الظلم وسوء الادارة. وكان الاتجاه الشعبي العام، من الشيعة والسنة، رافض للديكتاتور. ويمكن القول: ان هذه السياسة الصدامية، كانت مرغوبة ومطلوبة من امريكا، تمهيدا لمشروعها الديمقراطي، بعد 2003م. ويرد عن البعض ان امريكا طلبت من صدام بناء القصور، فضلا عن تشديد الحصار الغذائي على الشعب.

20 انتشرت العاطفة نحو التدين، بعد ان اصبح الفرد عاجزا عن حل مشاكله الاقتصادية والغذائية. لقد عاش العراقيين فقرا لم يعهدوه منذ عشرات السنين. لقد اصبحت اغلب العوائل تخبز الخبز في بيوتها، بعد ان اغلقت الافران، بسبب ارتفاع سعر الطحين الى مئات الاضعاف. وكانت العائلة تستلم 5 كيلوات من الطحين الرديئ للفرد، ممزوجا بالرمل والغبار. وحصل شعور عام بالذنب، ومحاولة لجوء الى السماء لانزال الرحمة وفتح باب الفرج. كان الاتجاه الديني الشيعي، العام، تقليديا وشعائريا، بينما انتشر التصوف وارتبط التكيات عند اهل السنة. وركب صدام ونائبه عزت الدوري وعدي ابن صدام هذه الموجة، لاجل توجيه عامة الشعب نحو التصوف. وانشأ عزت الدوري شبكة من التكيات الكسنزانية، ودعمها اعلاميا وماديا، وكذلك عدي.

بمناقشة اسقاط الديكتاتور، اعتمادا على الامكانيات الشعبية. لقد ارتقى الوعي الحركي للقواعد الشعبية المسحوقة، لانها شخصت ان الخطوة الاولى لاسقاط الديكتاتور تتطلب محاربة حزب البعث وتحجيمه، لانه الاداة التنفيذية للديكتاتور في المناطق الشيعية، بعد ان انهارت السلطة التنفيذية، واقعا.

رابعا: ضرورة وجود تنظيمات محلية مستقلة، بالرغم من المنع الرسمي لاي تنظيم، فضلا عن الاساليب الامنية المستخدمة من قبل السلطة في التجسس على المواطنين.

خامسا: الحاجة الى وجود قيادات من الداخل[18]، تتولى ادارة التنظيمات، ومثل هذا المستوى من الوعي والتفكير، ليس شائعا في المجتمع، الا انه اصبح موجودا بنسبة جيدة ومعتبرة، خاصة في المناطق الشيعية.

البحث عن البديل

ان الشعور بالانتكاسة، بعد الانتفاضة، وفقدان الثقة بالحلول الخارجية، والمعارضة، فضلا عن اثار الحصار القاتلة، وصعوبة الحصول على لقمة الخبز، وفقدان ابسط المستلزمات الحياتية، مع وجود حاكم مجنون، يتفاخر بضخامة الولائم التي يقيمها في قصره، بمناسبة عيد ميلاده[18]. تلك الحالة من

وصريح، وقد عطلت هذه الثقافة، الى حد بعيد، الارادة الوطنية، واجهضت الحراك الشعبي المستقل.

18 ان ثقافة الاتكال على الخارج، وانتظار الحل من دول الجوار، انتجت ايضا، وبالملازمة، فقدان الثقة بالقيادات المحلية، وتفضيل القيادات الخارجية. ومثل هذا النفس وهذه الروح موجودة، شعبيا، وبشكل مؤلم. وانعكست هذه السلبية، في الواقع، على اختيار القيادات، عند المتدينين، فضلا عن العلمانيين.

19 بعد هزيمة صدام الواضحة من الكويت، مارس سلوك الامراء في البذخ وبناء القصور. وبالرغم من انسحابه من الكويت، وموافقته على شروط امريكا كافة، وتقديمه

مرحلة الانتكاسة:

بعد سحق الانتفاضة، استمرت الاعتقالات، بناءا على اعترافات المعتقلين، المأخوذة بالقوة، فقد امتلأت السجون في الرضوانية وابوغريب، فضلا عن السجون السرية بالابرياء، وخاصة الشيعة. وحاول الديكتاتور، اعادة فرض سلطته، بشتى الوسائل الاجرامية.

كانت شبكة توزيع الطاقة الكهربائية مدمرة تماما، واقتصرت المتابعة الاعلامية على المذياع فقط لاحتكار السلطة البعثية لوسائل الاعلام المرئية والصحف كافة. وصار من الطبيعي، ان يتجمع اهل المنطقة بمجاميع صغيرة، في الاحياء، هربا من الحر، ولمناقشة الوضع المتردي.وبدأ الشعب يفكر بصوت عال، في اتجاهات عدة، منها:

اولا: الدعم الامريكي لصدام في سحق الانتفاضة، واستمراره بالسلطة. وهو اهم الاحاديث التي تداولها المواطنين، باعتبارها صدمة لهم، وقد فسر الشيعة ذلك، على انه انتقام مقصود من قبل الامريكان ضد الشيعة، ويستهدف اخذا بالثأر لما حصل في ايران ضد امريكا وسفارتها وعملائها.

ثانيا: موقف المعارضة الغامض، وعدم مشاركتهم في الانتفاضة، اثار الكثير من علامات الاستفهام حول المعارضة واهدافها. واجمالا تبلور شعورا بالرفض للمعارضة الموجودة في خارج العراق.

ثالثا: اليأس من الحلول الخارجية[17]، والبحث عن حلول محتملة لمواجهة السلطة بالامكانيات المحلية. ويمكن القول، انه، ولاول مرة، بدا بعض العراقيين

---

17 كان العقل الجمعي العراقي، منتظرا للحل من الخارج، عموما. ويمكن القول ان الاحزاب العراقية، الماركسية والقومية والليبرالية، تنتظر الحل منذ سنوات، من الجانب السوفيتي او العربي (مصر ثم سوريا او الاردن) او الغربي، على التوالي، كلا بحسبه. كذلك فان العناوين الدينية، الشيعية والسنية، كانت تنتظر الحل من ايران او السعودية. ان هذه الاتكالية، كانت من متبنيات المعارضة العراقية، وهي تروج لها بشكل واضح

سحق الانتفاضة:

هجوم مدفعي وصاروخي مكثف على المناطق السكنية، وطائرات تحوم بدعم امريكي، تضرب البيوت والاشخاص بكل قسوة. بعد ان تهدمت المدن تماما، وسكتت انفاس ساكنيها، دخلت قوات الحرس الخاص، تقلع الابواب، وتعتقل الرجال وتعتدي على النساء. هجم البعثيون على المدن المنتفضة بابشع صورة عرفها التاريخ. كان الامريكان وراء تلك الابادة الجماعية، يستهدفون الثار من الشيعة، واسكاتهم الى الابد.

بدا سحق الانتفاضة، فعليا، بعد اجتماع (خيمة سفوان) والتي وافق فيها صدام على الشروط الامريكية كافة، وتم البدء بالتنفيذ، بمساعدة الطيران الصدامي بضرب المدن المنتفضة، بعد ان زودها الامريكان بالوقود والمتطلبات الضرورية.

وزع الدكتاتور المناطق الجنوبية والوسطى الى ثلاث مناطق، تراسها المجيد في الجنوب، وكامل في كربلاء، وبقيتها للنومان.

سنوات الدمار والحصار:

طائر مذبوح، منتوف الريش، هي صورة العراق بعد الحرب الامريكية على العراق، وخاصة المناطق الجنوبية، ثم الابادة الجماعية التي ارتكبها الديكتاتور وحزبه وحرسه الخاص. واكل الحصار ما يحتاجه العراقي ليأكله. باعت المرأة ذهبها لتشتري رغيف خبز، وتخلت العائلة عن اثاثها واجهزتها للبقاء على قيد الحياة. صار العراق يصدر الممتلكات الشخصية، الى الاردن وايران ودول الجوار. انتعشت تجارة المصوغات والكتب والاثار والاثاث والمعدات والاجهزة، من العراق الى الخارج. باع المجتمع العراقي كل ما يملك لاجل شراء لقمة الخبز. ويمكن وصف المراحل التي مرت بها القواعد الشعبية، التي حاولت فرض خيارها المحلي المستقل، لاحقا.

ثالثا: ايجاد وعي حركي[14]، لم يكن موجود سابقا، قبل الانتفاضة. ان القواعد الشعبية قد اكتشفت حقيقتها، وقدراتها الواقعية. بعد ان تكشفت حقيقة امريكا، ودول الجوار، والوجه الحقيقي للمعارضة. فاجئ المنتفضون والقواعد الشعبية خذلان المدعين، وحقيقة المندسين.

رابعا: تحجيم دور حزب البعث، بعد الانتفاضة، بسبب التصفية، فضلا عن تراجع الكثير من البعثيين عن موالاة الحزب والديكتاتور. وحاول الكثير التملص، لاحقا، من الحزب.

خامسا: ايجاد نواة لتنظيمات شعبية مستقبلية، كون الحراك الشعبي، قد اوجد علاقات بين الافراد والمناطق، فضلا عن التواجد في خنادق الدفاع والمواجهة ضد البعث، وفي معتقلاته[16]، لاحقا.

سادسا: اكتشاف قيادات حقيقية، لنفسها، وللقواعد الشعبية[18]. وهذا له نتائج على الحراك الشعبي بعد الانتفاضة، وبعد الاحتلال.

---

14 يبدو ان الاخفاقات التي حصلت، اثرت في العقل الجمعي، عند الشيعة، خاصة، وتبدل المحتوى العاطفي. وقد انتجت هذه الاخفاقات تحسنا في الاداء لاحقا، بعد 1993م وبعد 2003م.

15 شدد البعثيون على منع التنظيمات، وكانت السلطة البعثية تعتبر اي تجمع من ثلاثة افراد، بمنزلة التنظيم، ويستحق افراده حكومة الاعدام. بالرغم من ذلك، ساهمت السلطة بإيجاد تنظيمات واقعية، في سجونها ومعتقلاتها. لقد تبلورت تنظيمات حقيقية، ليس لها عناوين، ولكن لها فكر وقيادات وافراد، عاشوا لسنوات، معا، في السجون والمعتقلات.

16 على سبيل المثال: ظهر السيد محمد الصدر قائدا للانتفاضة، بعد دعمه الجرئ والصريح للانتفاضة، كذلك قيادة السيد مقتدى الصدر لعدد من المجاميع القتالية ضد البعثيين، لاحقا. وهذا مهد الارضية للتيار الصدري لاحقا، لادارة المسلحة، وايجاد المقاومة.

نتائج الانتفاضة:

اولا: كشف حقيقة امريكا، لانها حرضت ضد الحكم البعثي، ثم وقفت الى جانبه. لقد قامت امريكا بالانقضاض على المنتفضين اعلاميا، ثم ساعدت الديكتاتور على تصفية المنتفضين بابشع صورة من صور الابادة الجماعية[12]، فضلا عن الدور البريطاني البشع المساند لامريكا.

ثانيا: كشف حقيقة المعارضة، بسبب مواقفها الضبابية. ولكونها مارست التحريض ابتداءا، ثم وقفت ضد الانتفاضة، بشكل صريح. وقد مارست المعارضة دورا اعلاميا، تحريضيا ضد الانتفاضة الشعبية، وذلك بوصفها تحرك ايراني وحراك لقيام دولة على الغرار الايراني[13].

الشيعة والاكراد، ويستهدف السنة اليوم، ايضا. يقصد منه استمرار العنف وعدم الاستقرار في العراق، وينفذ بواسطة الحكومات العراقية، غالبا.

11 بدأ الديكتاتور بالدائرة الاقرب، وعزلهم، ومنهم جماعة عبد الخالق السامرائي، وقيادات البعث، ثم محجوب، وشملت الاعتقالات والاعدامات محافظات العراق كافة، تقريبا.

12 كانت امريكا تستهدف القضاء على القواعد الشعبية الثورية في العراق، تمهيدا للاحتلال، لاحقا. لذلك حركت وساعدت الحكم البعثي على قمع الانتفاضة في الجنوب، وارتكاب ابشع المجازر الجماعية، ومقابر مريعة، بينما وفرت منطقي امنة في شمال العراق، لاجل حساباتها المستقبلية، لشق الصف والتهيئة الجغرافية للاحتلال.

13 بدات الانتفاضة بشكل مفاجيء، وحراك شعبي، داخلي، خارج حسابات المعارضة. وعملت المعارضة على ركوب الموجة، والترويج عن مسؤوليتها عن الحراك، من خلال اذاعتها التي بثت من دول الجوار. وكان لهذا التصرف اثر سيء على استقلالية الانتفاضة، ومهدت الطريق امام البعثيين وامريكا لسحق الانتفاضة بابشع وسيلة عرفها التاريخ.

ثالثا: الحرب ضد ايران، والتي سببت الاذى والخسائر الجسيمة للبلاد وللشعب، واثبتت فشلها في تحقيق الاهداف التي اعلنها الديكتاتور[8]، فضلا عن موافقته على اتفاقية الجزائر لاحقا.

رابعا: التعسف السلطوي، والاداء الديكتاتوري للرئيس، افقده شعبيته[9] وقلب الشارع ضده، فضلا عن اساليب القمع والاعدام، وتقييد الحريات.

خامسا: منع الشعائر الدينية، واستهداف الشيعة والاكراد[10]، ثم استهداف السامرائيين[11] واهل الانبار وخاصة الدليم، ثم الجبور، كان له تاثير تراكمي في نمو الرفض الشعبي للديكتاتور.

---

7 بعد حرب ايران، حصل تحول في المحتوى الثقافي للشعب العراقي، وسادت العاطفة الدينية. وقد اتخذ الشعب، اجمالا، موقف متعاطف مع الكويت، وضد صدام، انسجاما مع فتاوى علماء المسلمين من المذاهب كافة.

8 وقع العراق عام 1975م اتفاقية مع حكومة ايران (الشاه) وبوجود صدام، واعطيت هذه الاتفاقية امتيازات لايران في شط العرب، واماكن اخرى. وبعد قيام الثورة في ايران وسقوط الشاه، اعلن صدام الغاء الاتفاقية، وشن الحرب ضد ايران لمدة ثمان سنوات، ثم انهيت الحرب، بموافقة صدام على شروط ايران، واعادة العمل باتفاقية الجزائر.

9 بعد وصول البعثيين للسلطة، اتخذوا مواقف قومية ووطنية لكسب الشارع، وقد نجحوا الى حد كبير. لقد زادت شعبية صدام بعد تاميم النفط ولعبة الجبهة الوطنية، مع الحزب الشيوعي، وزياراته الى المناطق الجنوبية والريفية. الا ان هذه الشعبية المزيفة، انكشفت بعد هيمنة صدام على السلطة.

10 مارس الحكم البعثي اقسى اساليب التعسف والتعذيب والابادة الجماعية ضد الشيعة، بحجة ممارستهم الشعائر الدينية والعزاء الحسيني، فضلا عن الحرب البعثية ضد الاكراد. ويبدو ان مشروع خارجي ينفذ في العراق منذ عشرات السنين يستهدف

لهم دور اسلس في تثوير الانتفاضة، وخاصة اولئك المرتبطين بالسيد السبزواري والصدر.

خامسا: الحوزة، اجمالا، لم يكن لها دور مباشر في التحريض ضد السلطة. الا ان بعض العلماء ووكلائهم صرحوا باحكام شرعية ضد البضائع التي اغتصبها الديكتاتور من الكويت، واعتبرت حرمة شراء البضائع الكويتية، بالملازمة، فتوى ضد غزو الكويت.

قد تكون هذه هي الاسباب او احدها، ذا اثر مباشر في اشعال الانتفاضة، الا ان مجموعة من التراكمات او الاسباب غير المباشرة، لها دور اسلس في اشعال هذه الانتفاضة. ويمكن ان نشير الى هذه الاسباب، وحسب التسلسل الزمني، ابتدا من الاقرب زمانيا، وهي:

اولا: الحصار الاقتصادي، والذي فرضته امريكا بواسطة الامم المتحدة، بعد غزو الكويت، سبب نقص في المواد الغذائية[6]، فضلا عن ارتفاع الاسعار، بشكل مضاعف وغير معقول.

ثانيا: غزو الكويت، تصرف اهوج، مرفوض، هو راي الشارع العراقي، وهو الموقف الوحيد[7]، تقريبا، الذي اجتمع علية الشعب العراقي بعناوينه كافة.

---

5 لم تثبت مشاركة تنظيمات يسارية في الجنوب والوسط، والمؤلف له اطلاع مباشر على هذه الاحداث، وقريب منها، ومن تفاصيلها، ومن المؤكد ان السيد علي السبزواري له دور بارز واكيد في ايجاد ما يشبه مجاميع سرية، فضلا عن الدور الاساس للسيد محمد محمد صادق الصدر.

6 بعد ايام قليلة من اعلان فرض الحصار على العراق، نفذت المواد الغذائية من السوق، وخاصة المواد الاساس (الطحين والرز والسكر والزيت) وبعدها تضاعفت الاسعار تدريجيا، حتى وصل سعر كيلو الطحين من مئة فلس الى 1000 دينار، وما يعادل دولار، حينها. واصبح الخبز هو الهم الاول للعائلة العراقية، فضلا عن بقية المواد الاساس.

مقدمات الانتفاضة:

ان تخبط الحكم الديكتاتوري في أدائه الداخلي والخارجي، فضلا عن إساءته الى فئات المجتمع العراقي كافة، جعل احتمال سقوط الديكتاتور بالانقلاب العسكري ممكنا، الا ان احتمال قيام تحرك شعبي وانتفاضة شاملة لم يكن محتملا تماما.

ويمكن تصور الأسباب، المباشرة، المحتملة لإشعال هذه الانتفاضة المفاجئة، كالتالي:

أولا: الإعلام الأمريكي، قام بالتحريض ضد الديكتاتور قبل الهجوم على القوات العراقية في الكويت. الا ان هذا التحريض، قد سبب ضعف في المعنويات لدى أفراد الجيش، ولا يمكن ان يكون له اثر أساس في قيام الانتفاضة، الا بنسبة ضئيلة، وبعد التمعن في ماهية المنتفضين وشعاراتهم وأداءهم، المناهض لامريكا، فضلا عن الموقف الصارم للأمريكان ضد الانتفاضة.

ثانيا: جهات المعارضة، حرضت على الانتفاضة، لكنها لم تشارك بها، بل وقفت ضدها[4]، باستثناء (منظمة العمل الاسلامي) والتي شاركت بشكل واضح في منطقة شط العرب، لاعتبارات جغرافية.

ثالثا: منشقون عن الحزب، استبقوا الانتفاضة ليعلنوا موقفهم الرافض للديكتاتور، واستخدموا امكانياتهم لتثوير الانتفاضة والمشاركة بها، وعددهم قليل نسبيا.

رابعا: تنظيمات سرية[5]، مرتبطة بعلماء في النجف الاشرف، وهم افراد قد تواصلوا مع النجف، مؤخرا، بعد غزو الكويت، لوجود فسحة امنية. وهؤلاء

---

[4] اعترفت قيادات المعارضة العراقية لاحقا بموقفها المعارض للانتفاضة، ويبدو انها كانت على علم بالموقف الامريكي ضد الانتفاضة، ولا يستبعد تنسيقها معهم في الموقف ضدها.

بغداد والمناطق الغربية:

يبدو ان السلطة قد اخذت احتياطاتها في بغداد الى حد بعيد، فبقيت مسيطرة امنيا على العاصمة. وخصص الديكتاتور ما يسمى بالفرقة الذهبية، والتي ابقاها في بغداد، لفرض سلطته، ومنع اي انفلات.

كان جمهور بغداد يتابع الاخبار، منتظرا وصول المنتفضين الى العاصمة. سارعت السلطة الى تكثيف تواجدها في مدينة الثورة، معقل الشيعة، ومنعت التجمعات، الا ان ذلك لم يمنع من حصول عمليات اغتيال لعدد من قيادات الحزب الحاكم.

اما المحافظات الغربية، وبرغم تعاطفها مع الشعب الكويتي، ورفضها لعملية غزو الكويت، الا ان موقفها من (اسقاط النظام) قد تغير خلال ليلة وضحاها. لقد كان ابناء الانبار وصلاح الدين وسامراء وديالى معارضا للسلطة، الا انه يفضل اسقاطها من قبل امريكا، وليس من قبل الشيعة. لقد اتخذت المحافظات الغربية موقفا ضد الانتفاضة، خوفا من انتقام الشيعة وحكومتهم.

المناطق الشمالية:

امتازت اربيل وسليمانية ودهوك بوجود قيادة ظل، سرعان ما ظهرت للسطح، وانتقلت الامور تلقائيا، وبيسر، لقياداتها القومية. استلمت الاحزاب الكردية مقاليد الامور بشكل انسيابي، وكانت مطلعة، مسبقا، على مجريات الامور، والموقف الامريكي مما يحصل.

محافظة كركوك بقيت متفاوتة في ولاءها، تبعا لتركيبتها السكانية، ولم تتوضح في معالم السلطة او الانتفاضة، الا ان جو الترقب صار مهيمنا على اغلب مناطق المحافظة، باستثناء المناطق الكردية.

تتميز الحلة وكربلاء بقربها الى النجف الاشرف، مركز القيادة الدينية. وبالرغم من تصاعد مد الانتفاضة من الجنوب الى المناطق الوسطى، الا ان الجو العام في هذه المحافظات كان مشوبا بالحذر.

كانت الوفود والافراد قد بدات تصل الى النجف تستوضح الموقف الديني مما يحصل. وبدات بعض الاقضية والاطراف تنتفض، تناغما مع ما حصل في البصرة ومحافظات الجنوب. كان مرور الساعات يضاعف الضغط على علماء الدين في النجف لاتخاذ موقف تجاه الاحداث. وقد ارسلت بعض المناطق من يمثلها للحصول على توجيهات اوممثل من النجف يساعدها في ادارة الامور. وفي اليوم الثاني وصلت الاخبار عن حصول انتهاكات وتصرفات فوضوية، يتطلب الوقوف ضدها. كذلك حصول عمليات سلب ونهب لاغلب الدوائر الحكومية. كانت الانظار الشعبية متوجهة للنجف لبيان الموقف وقيادة الازمة.

ويبدو ان اول من تصدى للقرار، عالم مغمور، صعد على غرفة صغيرة (كيشوانية) في مرقد الامام علي بن ابي طالب، وقرا بيانا مختصرا، اعلن مساندته للثوار، ودعى الى ضرورة مشاركة الجميع في نصرة الانتفاضة واستلام زمام الامور، منعا للفوضى والمخربين. كان ذلك العالم، هو السيد محمد الصدر، وقد يكون بيانه نتيجة تداول مع بقية العلماء وخاصة السيد الخوئي والسيد السبزواري.

بعد ذلك، تشكلت، وبسرعة، مجموعات جهادية وادارية، ارتبطت بالعلماء. وكان للسيد علي السبزواري، ابن المرجع السيد عبدالاعلى السبزواري، دورا بارزا في ادارة هذه المجاميع وقيادتها.

ان وجود علاقة بين المتدينين الشيعة، في اغلب المحافظات، مع النجف الاشرف وعلمائها، ساهم في تنظيم شبكة ادارة للمناطق الجنوبية والوسطى، باسرع مما هو متوقع. لقد كان في اغلب المناطق ممثلا عن السيد الخوئي او ممثلا عن عالم ديني.

كان الكثير من ابناء الشعب يترقبوا الفرصة للانقضاض على المقرات الحزبية، التي اساءت لهم كثيرا. وينتظرون فرصة الانتقام من الرفاق الحزبيين الذين تسببوا في اعدام الابرياء، واعتقال الشباب.

انطلقت انتفاضة اكثر تنظيما في العمارة، ثم تلتها الناصرية والسماوة. ساهمت الطبيعة العشائرية في هذه المحافظات على احتضان الانتفاضة وادارتها بشكل افضل مما حصل في البصرة من فوضوية وتشتت. اتخذت حركية الانتفاضة طابع ديني، وحمتها عقلية اقامة (ثورة اسلامية) على غرار ما حصل في ايران. وانتشرت رايا ت خضراء، تدلل على البعد الاسلامي للمنتفضين. هتف الجموع باسم السيد محمد باقر الصدر، باعتباره ابرز الذين اعدمهم الحزب والسلطة، ولم تكن صوره متوفره، حينها.

وفي مساء اليوم الاول، وخاصة في الاقضية والنواحي، اعيدت الممارسات الدينية المحظورة، واهمها مجالس التعزية والبكاء على مصائب اهل البيت والامام الحسين. وارتفعت اصوات مرثية (يا حسين بضمائرنا) واجتمع العشرات حولها يلطمون، معلنين التحرر من سلطة البعث الخانقة. تسارع تنظيم مجالس العزاء، وحظرها الوجهاء ورجال الدين، متنفسين عبق الحرية.

سرعان ما استعادت العاطفة الدينية هيمنتها على النفوس، وتبلور في المناطق قيادات شعبية، تم اختيارها لنزاهتها وسمعتها الطيبة، وحاولت المناطق الاتصال ببعضها، للتشاور وادارة المحافظة. كانت الامور تدار عفويا، وبثقة، لغياب السلطة البعثية عن الواقع تماما.

وبقيت مراكز المحافظات، بعيدة عن التنظيم نسبيا، وحصلت فيها اعمال انتقام وسلب للمقرات الحزبية وبعض الدوائر الحكومية. وتقصد البعض، وقد يكون مكلفا من السلطة، ومندسا بين المنتفضين، استهداف دوائر الاحوال المدنية وحرقها.

محافظات الوسط:

الدوائر الحكومية. هذا الفراغ دفع الكثيرين الى محاولة تنظيم الصفوف، وترتيب الوضع الداخلي للمحافظة، منتظرين المساعدة من الخارج، دون جدوى.

بعد يومين او ثلاثة، دخلت مجاميع من (منظمة العمل الاسلامي) وكان فيها مفارز طبية. حاولت هذه المجاميع تقديم المساعدة، وتوزيع الاغذية، وانفردت هذه المنظمة بالعمل في منطقة شط العرب و (التنومة) لقربها من الحدود العراقية-الايرانية دون المناطق الاخرى. ولم يثبت مشاركة العناوين الاخرى في العمل.

تحركت مجاميع، بينهم علاقات دينية، غير حزبية، بحثا عن قيادات الحزب الحاكم. وشهدت مناطق المعقل وخمسة ميل والحيانية، حراك بارز ضد الحزب ومقراته، وسعى البعض الى طتهديم ما تصله اليد، واخذ التنفيس منها، انتقاما من السلطة. وبقيت منطقة الزبير وما حولها هادئة نسبيا.

محافظات الجنوب:

بعد ساعات قليلة من شروق الشمس، في العمارة والناصرية والسماوة، والديوانية، وصلت اخبار رجوع الجيش العراقي الى البصرة، منكسرا، مشتتا. ثم توالت الاخبار عن حصول انتفاضة في البصرة، عن طريق اذاعة البي بي سي او الواصلين الى هذه المحافظات.

ان الطبيعة الريفية في هذه المحافظات، وفرت مساحة جيدة لاحتضان عدد كبير من العسكريين الذين تركوا الجيش قبل المعركة، ولجئوا الى قراهم او المناطق الريفية في هذه المحافظات. هؤلاء لديهم فكرة واضحة عن واقع الجيش العراقي الذي ينتظر مصيره في الكويت. وكان لديهم توقع لخسارة كبرى اذا بدات المعركة. هؤلاء الافراد المنسحبين من الكويت، مبكرا، كانوا مهيئين لدعم اية انتفاضة او عمل ضد الحزب، فضلا عن المعلومات التي يملكونها عن ضعف الجيش وغياب السلطة.

والانتقام من البعثيين متوقعا، جدا، فانهزموا، تاركين مقرات الحزب فارغة، وصور الرئيس دون حماية.

ويمكن وصف الانتفاضة حسب المحافظات العراقية كالتالي:

البصرة:

بدات فيها شرارة الانتفاضة، بعد رجوع افراد الجيش العراقي، مطاردين من قبل الطائرات الامريكية. وقد قام احد الجنود بضرب صورة كبيرة للرئيس في منطقة الطويسة، بعد ان شعر بفراغ السلطة، وهروب البعثيين من مقراتهم.

ثم خرجت مجاميع متفرقة، كانت تنتظر الفرصة، لاخذ الثار والانتقام من قيادات بعثية في مناطقهم السكنية. توجهت هذه المجاميع الى مقرات الحزب وسيطرت عليها، دون ادنى مقاومة. مزقوا صور الديكتاتور، وعلت الاصوات بسقوط صدام، وانتشر الخبر بين الشعب، سريعا، وقد اكدته اذاعة البي بي سي اللندنية.

كانت محطة (بي بي سي) هي اول من ذاع خبر الانتفاضة وسيطرة المجاميع الشعبية على مقرات الحزب. كانت نبرة الاذاعة تحريضية ضد السلطة، الا ان تغييرا حصل في صياغة الخبر بعد الساعة التاسعة. لقد غيرت اذاعة ال (بي بي سي) توجهها الى جانب الديكتاتور، وقد قللت من حجم المنتفضين، وبدات تحرض ضد الانتفاضة، باساليب فنية، لا تخفى على المراقب الفطن.

بعد الظهر، حاولت الجهات الدينية الشعبية السيطرة على زمام الامور، دون اي تدخل خارجي. بدا المنتفضون محاولات لتنظيم الصفوف، وتنصيب اشخاص مقبولين اجتماعيا، ومستعدين لادارة الامور، على نطاق مناطق صغيرة ونواحي واقضية.

كان فراغ السلطة واضحا، ومقرات الاحزاب وقعت بايدي الشباب، ودخلت مجاميع المنتفضين الى مديريات الامن والمخابرات ومجلس المحافظة وبقية

كان الشرطة اول من تخلى عن مراكزهم، وانضموا بشكل غير منظم الى جماعات متفرقة من المنتفضين، الذين خاضوا الشوارع، هاتفين ضد الديكتاتور. اعضاء حزب البعث وقياداته اختفت، وتركت مقراتها الحزبية فارغة. الكثير من البعثيين ارتدوا ملابس نسائية ليخرجوا من مناطق سكناهم، ومتوجهين الى القرى والارياف، فارين من سطوة المنتفضين. عدد كبير من منتسبي الجيش انضموا الى المنتفضين، وقدموا لهم السلاح والعتاد.

شكل رقم (6-4) عدد من المنتفضين في كربلاء المقدسة

بدأ مشهد الانتفاضة، بعد فراغ في المدينة، من مظاهر سلطة الحزب، وسيطرات البعثيين. لقد شم البعثيون رائحة الانتفاضة، فهربوا ليلا يرتدون ملابس نسائية. لقد تسرب اغلب القيادات الحزبية خارج مناطق سكنهم، خوفا من ضحاياهم. انهزمت قيادات الحزب، قبل المعركة، كما هي عادتهم. هرب الحزبيون الى بيوت من يستقبلهم في الارياف والقرى، بعيدا عن عيون عوائل الضحايا. كان الثار

لحدى هذه الدبابات، وجهت فوهتها الى صورة كبيرة للديكتاتور صدام، امام بيت الحزب[3] في منطقة الطويسة. انطلقت قنيفة لتدمر وجه الديكتاتور، وتكون القشة التي كسرت الصرح الزجلجي للديكتاتور وحزبه. انهار كل شئ، فجأة، صارت البصرة خالية من الشرطة والجيش وازلام السلطة ومن البعثيين. نزع الجميع لباسهم العسكري وارتدوا اللبلس الشعبي.

شكل رقم (6-3) منتفضون عام 1991م.

---

3 بيت الحزب هو مقر اساس وكبير في المحافظة، وهو مؤسسة امنية، في الدولة. لقد اعتمد الحكم الصدامي على البعثيين في تنفيذ سياساته ضد الشعب. ولقد سجل البعثيين تاريخا رهيبا في خدمة السلطة المجرمة وايذاء ابناء الشعب العراق. لقد كان قادة الحزب يبالغون في ايذاء المجتمع واغتصاب النساء وسرقة الاموال. وكان الرفيق البعثي مستعد لفعل اي شيء يطلبه الحزب، ويردد شعار يقسم فيه على طاعة صدام حد العبادة. وانتشر بين البعثيين الفساد الاخلاقي والسلوك الشاذ. وكان اغلب المنحرفين اخلاقيا والمنبوذين اجتماعيا قد سارعوا بالانتماء الى حزب البعث، لاجل السلطة والمال، مما جعلهم قيادات بارزة في الحزب.

وعناوينها واجهزتها. الصور التي ارادها البعثيون[2] رمزا لسلطتهم ولفرض القوة، اصبحت نقطة ضعفهم، وسبب الانهيار المفاجئ، وغير المتوقع.

شكل رقم (6-2) مواطن منتفض في الجنوب يتحدى السلطة الديكتاتورية.

تصاعدت الهتافات ضد صدام والبعثيين، بشكل عفوي، وبغياب السلطة. كان عدد من الدبابات لازال في البصرة، ولم يدخل الكويت، ولم يشارك في المعركة.

---

2 عمليا، البعثيون هم من حصل على درجة (رفيق) فما فوق. ولم يعتبر الحزب، المنتمين بدرجة (مؤيد) او (نصير) من اعضاؤه الفعليين. وهذه الحقيقة يعرفها الشعب العراقي، لان الانتماء الى الحزب كان اجباريا، ولم ينجوا من تلك المفسدة، الا عدد قليل، ممن كان مستعد للتضحية بحياته، بدلا من الانتماء. ومن الظريف ان الفرد (المستقل) يعتبر (معارضا) في نظر الحزبيين.

شكل رقم (6-1) اليات عراقية، قصفها الامريكان على طريق العراق - الكويت

لقد نجحت القوات الامريكية في ايصال رسالة الى الجندي العراق، مفادها: انزل من دبابتك او المدرعة، الق سلاحك، وانزع قميصك العسكري، واركض باتجاه البصرة. صارت مداخل البصرة وشوارعها الخارجية مسرحا لمشهد الهزيمة، مئات الالوف من الجنود الفارين من القصف، والاف الدبابات والمدرعات والاسلحة المبعثرة على جوانب الطرقات. كان الجنود قد وصلوا الى مشارف البصرة، طالبين جرعة من الماء، وتحدثوا بمرارة عن اختفاء القيادات والضباط قبل الهجوم في انسحاب منتظم وسري، تاركين جنودهم في الميدان، دون اية قيادة او توجيه، امام هجوم امريكي مكثف. تحدث الجنود بحرقة، والهبوا الشارع البصري بمرارة الهزيمة، وسوء الادارة.

قد ينكسر ظهر البعير بسبب قشة، كما انكسر ظهر الديكتاتور بقنيفة انطلقت من دبابة صبيحة يوم السبت، 15 شعبان الموافق 12 اذار ضربت صورة لصدام، لتنهار تنظيمات الحزب والامن والمخابرات، وكل مفردات الدولة البعثية

التي تقصف المعدات المنسحبة بشكل منظم. كانت الطائرات الامريكية تتقصد قصف معدات جيشنا، ودفع الجنود الى التخلي من المعدات والنزول منها وتركها لضمان سلامتهم من القصف.

اصبح الطريق من الحدود الكويتية الى سفوان وام قصرالمؤدي الى الزبير وخور الزبير ثم الى البصرة[1] مليئا بالمعدات المقصوفة، وعلى جانبي الطريق، في مشهد رهيب يعبر عن حجم الدمار الكبير الذي اصاب الجيش العراقي، وحجم الهزيمة، وغياب الدولة والقيادة العسكرية. وصلت فلول جنودنا المنكسرة الى طريق خور الزبير ثم مفرق الزبير، ركضا، بكل ما تستطيع من قوتها المتهالكة، لتنجو من جحيم القصف الامريكي. مئات والاف الجنود اللاهثين وصلوا مداخل مدينة البصرة وساحة سعد، بعد ان قطعوا اكثر من 50 كيلومتر تطاردهم الطائرات الامريكية.

1 اشار فالح عبد الجبار في كتابه (العمامة والافندي) ص456 ما نصه: امتلأت ابوالخصيب والزبير الجنوبيتان السنيتان بجموع من الجنود المتقهقرين الغاضبين، وبرفقتهم اسلحة ثقيلة، وشرعوا يطلقون النار على الجداريات التي تحمل صورة صدام، ليطلقوا بداية ما اصبح يعرف في لغة المعارضة بالانتفاضة الشعبانية. انتهى كلامه. والجدير بالذكر، ان بلدة ابو الخصيب لا تقع على طريق الانسحاب، فضلا عن رجوع الجيش دون اسلحة. ويمكن القول: ان الحادثة الاولى، اي ضرب الجدارية، حصل في منطقة الطويسة، من قبل احد المواطنين الذي استخدم دبابة لم تدخل الى الكويت، ولم تشارك في الحرب.

INTRODUCTION

نهاية القرن

(2000-1990)

الانتفاضة:

بدأ الهجوم الامريكي الجوي يوم 15 كانون الثاني 1991 على قطاعات الجيش العراقي، وعلى عدد من المناطق العراقية. وبعد ذلك بايام قليلة، بدأ انسحاب افراد من جنودنا من الكويت، انسحابا غير رسميا،بدأت تسهيلات الخروج من الكويت، وتسهيلات نزول الجنود من الكويت الى البصرة. نماذج من الاجازات المزورة وزعت بشكل كبير، ومنظم. ورجع عدد كبير من العسكريين الى العراق، بشكل ميسر، وغريب، ويبدو ان قرارا اتخذه الضمير العسكري والعقل الجمعي للجيش بضرورة الانسحاب. ومع زيادة عدد الضربات الجوية، للجيش، زادت حالات هذا الانسحاب. ولم تنفع مسرحيات صدام والبعثيين في رفع معنويات الجيش.

ثم بدأ الهجوم الامريكي، البري يوم 26 اذار وبدأ معه انسحاب الجيش العراقي دون اية مقاومة. حصل انسحاب فوضوي، مع اختفاء القيادات والضباط قبل ساعات من الهجوم. كانت فلول جنودنا الفارة من القصف الامريكي الكثيف تدخل اراضينا من جهة سفوان مرورا بخور الزبير، وتلاحقهم الطائرات الامريكية

Contents

هذا الكتاب

بعد دخول صدام للكويت.. عاش العراقيون معاناة خاصة.. واحداث رهيبة لم يوثق لها الاعلام الرسمي.. هذه محاولة من كاتب اكاديمي مستقل.. تتعلق بالهجوم الامريكي وانسحاب الجيش العراقي وحصول انتفاضة الشعب العراقي وموقف احزاب المعارضة منها.. ومن كان يقود الانتفاضة..؟ وكيف تم التعامل معها..؟

هذا الكتاب يتضمن صفحات هامة في التاريخ العراقي الحديث لم توثق سابقا..انسحاب الجيش العراقي من الكويت وانتفاضة ١٩٩١...

ملاحظة: نظرا لعدم دعم منصات النشر للكتب العربية لذلك اضطررنا الى تحويل الكتابة الى صور واساليب فنية لتسهيل النشر.

...

العراق بين الدين والسياسة

(نسخة عربية)

د. نـاظم العبادي

استاذ جامعي

كلية الهندسة – الجامعة المستنصرية

بغداد - العراق

2016